AF347484

EDICTS ET DECLARATION DU

Roy, pour l'establissement, vente & reuente en heredité des Offices de Regratiers Reuendeurs de Sel à petites mesures, & Receueurs Collecteurs de l'impost des Greniers & Chambres à sel de ce Royaume.

Verifiez en la Cour des Aydes à Paris és années 1617. 24. & 1633.

A PARIS,

Chez IEAN SARA, Imprimeur ruë des Carmes.

M. DC. XXXIII.

OVIS PAR LA GRA-
CE DE DIEV ROY DE
FRANCE, ET DE NA-
VARRE, A tous prefens
& à venir, Salut. Les Of-
fices de Regratiers Reué-
deurs de fel à petites mefures, & Receueurs Collecteurs des deniers du fel
qui fe diftribuë par impoft, ayans efté re-
ftablis par declaration du feu Roy
HENRY troifiefme du vingtiefme Septembre mil cinq cés quatre vingt cinq.
Ce fut à la charge qu'au lieu du parifis
qui leur auoit efté attribué par le premier Edict de leur creation du mois de
Nouembre mil cinq cens foixante & feize, ils n'auroient pour tout profit que
pareil & femblable droict que celuy
que les officiers de nos greniers auoient
accouftumé de leur ordonner auant l'E-
dict : Et combien qu'à plufieurs & diuerfes fois lefdits offices ayent depuis
efté vendus & reuendus en heredité,
leurs droicts n'ont point autrement efté
reglez : Mais par tolerance en la pluf-

part de noz greniers , & mefmes par quelques Arrefts particuliers de noftré Confeil l'on a accordé à aucuns defdits Regratiers le demy parifis du prix du fel, & aufdits Collecteurs vn fol pour liure pour les frais de l'affiette , collecte & port de deniers, & en cette incertitude, comme toutes chofes s'interpretent felon l'intereft ou paffion des Officiers qui en ont le pouuoir ; il s'eft trouué qu'en quelques greniers lefdits Regratiers prénent quelque chofe de moins que le demy parifis, & autres plus , mefmes iufques au parifis entier, & les Collecteurs, outre ledit fol pour liure, leuent pour la voiture de chacun minot deux fols pour lieuë & cinq fols , voire iufques à fept fols fix deniers auffi pour minot pour le deftail, dechets & frais des mefures , & cét eftabliffement ordonné pour l'aifance & foulagement de ceux qui n'ont moyen de prendre aux grandes mefures le fel qui leur eft neceffaire, leur tourne à grande furcharge , parce que le prix defdits Regratiers eft comme à l'arbitrage de ceux qui ont acquis lefdits offices en heredité , & va croiffant de iour à autre, auquel defordre nous auons en noftre Confeil iugé neceffaire de pouruoir. A

CES CAVSES, fçauoir faifons que de l'aduis d'iceluy noftredit Confeil & de noftre certaine fcience, pleine puiffance & authorité Royale, Novs auons par cettuy noftre prefent Edict perpetuel & irreuocable, ordonné & ordonnons que tous les Regratiers & Reuédeurs de fel à petites mefures en toute l'eftenduë de noz Greniers & Chambres à fel, auront & leur auõs attribué pour tous frais de voitures, dechets, mefures & autres generallement quelsconques deux fols fix deniers tournois pour liure, qui eft le demy parifis du prix qu'ils payeront le fel en nofdits greniers & chambres, & aufdits Receueurs Collecteurs de l'impoft pour la voiture de chafque minot de fel, deux fols pour lieüe, cinq fols auffi pour minot pour deftail, & frais des mefures, & douze deniers pour liure pour la collecte & port de deniers, à quoy nous auons le tout reiglé & moderé : Et faifons deffences tres-expreffes à tous lefdits Regratiers & Collecteurs de prédre ny exiger à la reuente & diftribution dudit fel plus grands prix que ceux cy deffus à eux ordonnez, à peine de concuffiõ, perte de leurfdits offices, mefme de punition corporelle, fi le cas y efchet :

& affin que ceux qui ont acquis, & qui presentement possedent lesdits offices en heredité, ne se puissent plaindre que le present reglement leur apporte quelque diminution à leurs droits, N o v.s VOVLONS ET ORDONNONS que par les Commissaires, qui à ce faire par nous seront commis & deputez, il soit procedé à nouuelle reuente de tous lesdits offices de Regratiers & Collecteurs d'impost, à la charge de rembourser comptant ausdits proprietaires la finance qu'ils verifieront auoir payée actuellement en nos coffres, nonobstant que par le bail par nous fait de la Ferme generalle de nos Gabelles il soit permis aux adiudicataires de commettre ausdites places de Regratiers en tous lesdits greniers, & chambres, mesmes de destituer ceux qui en sont par nous pourueus en offices hereditaires, les remboursant de la finance par eux payée : Et faisons tres-expresses inhibitions & defenses aux officiers de nosdits greniers de quelque qualité qu'ils soient d'achepter aucuns desdits offices, s'en rédre adiudicataires sous leurs noms ny d'autres, ny les prendre à ferme directement ou indirectement en quelque sorte & manie-

re que ce foit, à peine de priuation de
leurs offices & d'amende arbitraire. Si
DONNONS en mandement à nos amez
& feaux Confeillers les gens de noftre
Cour des Aydes à Paris, que ces prefentes ils verifient & facent enregiftrer, &
iceluy entretenir, garder & obferuer en
tous nofdits greniers & chambres à fel,
ceffans & faifans ceffer tous troubles &
empefchemens au contraire. Mandons
en outre aux Controolleurs generaux
de nos gabelles que faifant leurs vifites
& cheuauchées ils s'informent exacte-
ment de la forme, ordre & nombre defdits Regratiers, Collecteurs en chacun
grenier, & des contrauentiõs aux Edicts
& Reglemens faits fur leur eftabliffement, abus & maluerfations commifes
& qui fe commettent en l'execution d'i-
ceux, & de tout en dreffent leurs procèz
verbaux qu'ils rapporteront en noftre
Confeil & en noftredite Cour des Aydes pour y eftre pourueu. CAR tel eft
noftre plaifir, nonobftant comme deffus & quelques autres reftrinctions, mã-
demens, defenfes & lettres à ce contraires: Et afin que ce foit chofe ferme &
ftable à toufiours, Nous auons figné ces
prefentes de noftre main, fauf en autres

chofes noftre droict, & l'autruy en toutes.   Donné à Paris au mois d'Aouft
l'an de grace mil fix cens dix-fept.   Et
de noftre regne le huictiefine.   Signé,
Lovis.   Et fur le reply, Par le Roy,
De Lomenie, Et fcellées fur double queuë du grand fcel de cire verte,
en laqs de foye rouge & verte, Et au
bout dudit reply eft efcrit, Vifa, & plus
bas, Regiftré en la Cour des Aydes, ouy
le Procureur general du Roy, fuyuant
& aux charges portées par l'Arreft de
ladite Cour du iourd'huy, à Paris le vn-
ziefme iour d'Octobre, l'an mil fix cens
dix-fept. Signé,   Pavlmier.

EXTRAICT DES REGISTRES
de la Cour des Aydes.

VEV par la Cour les Chambres af-
femblees, les Lettres patentes du
Roy en forme d'Edict, dõnées à Paris au
mois d'Aouft mil fix cens dix-fept, fignées Lovis. Et fur le reply, Par le
Roy, de Lomenie, Et fellées du grand
fceau de cire verte, fur laqs de foye rouge & verte, Par lefquelles ledit Seigneur
pour les caufes & confiderations y contenues, veut que tous Regratiers & les
Reuendeurs

uendeurs de sel à petites mesures en
toute l'estendue des Greniers & Chambres à sel, ayent & leur attribue pour
tous frais de voictures, dechets, mesures & autres generalement quelsconques, deux sols six deniers pour liure, qui
est le demy parisis du prix qu'ils payent
le sel esdits Greniers & Chambres : Et
aux Receueurs Collecteurs de l'impost,
pour la voicture de chacun minot de sel
deux sols pour lieüe, cinq sols aussi pour
minot pour le destail & frais de mesures,
& douze deniers pour liure pour la collecte & port de deniers, à quoy ledit Seigneur a le tout reglé & moderé, faisant
tres-expresses defences à tous les Regratiers & Collecteurs, de prendre ny exiger à la reuente & distribution dudit sel
plus grand prix, à peine de concussion,
perte de leurs offices, mesmes de punition corporelle, si le cas y eschet: Et pour
oster tout subiet de plainte aux proprietaires & possesseurs desdits offices en heredité, ledit Seigneur veut que par les
Cōmissaires qui serōt à ce par luy cōmis,
il soit procedé à nouuelle reuëte de tous
lesdits offices de Regratiers & Collecteurs d'impost, à la charge de rembourser contant lesdits proprietaires de la fi-

nãce qu'ils verifierõt auoir payée actuellement en ses coffres , nonobstant que
par le bail general des Gabelles, il soit
permis aux adiudicataires de commettre
ausdites places de Regratiers , en tous
lesdits greniers & chambres, mesmes de
destituer ceux qui en sont pourueuz en
offices hereditaires, les remboursant de
la finance par eux payée , & fait en outre ledit Seigneur inhibitions & defences aux officiers desdits greniers de
quelque qualité qu'ils soient, d'achepter
aucuns desdits offices, s'en rendre adiudicataires sous leurs noms , ny d'autres,
ny les prendre à ferme directement ou
indirectement, en quelque sorte & ma-
miere que ce soit, sur peine de priuation de leurs offices & d'amende arbitraire , ainsi que plus au long est porté
par lesdites lettres d'Edict à la Cour a-
dressantes , afin de verification d'iceluy,
les actes d'oppositions à la verification
dudit Edict faits au Greffe de ladite
Cour les quatorziesme & dixneuf dudit
mois d'Aoust par Maistre Iean de Moisset , Conseiller , Notaire & Secretaire
du Roy , adiudicataire general des gabelles à sel de France , & Maistre Phili-
pes de Colanges , Pierre Iacquet &

Theodore Bazin , Adiudicataires de la
moitié du bail general defdites gabelles,
les requeftes par eux fur ce prefentées
à ladite Cour, autres lettres patentes du
Roy données à Paris le quinziefme Septembre audit an, fignées de fa main, &
plus bas, de Lomenie, & fcellées, à elle
prefentées par le Procureur general du
Roy , Par lefquelles ledit Seigneur ad-
uerty de l'abfence de partie des Officiers
de ladite Cour, mande & tres-expreffement enioint à iceluy de proceder, tous
affaires ceffans , auec ceux qui fe trou-
ueront prefens à la verificatiõ de l'Edict
à elle enuoyez à cet effet , nonobftant
l'Arreft fait en ladite Cour, auquel fa
Maiefté deftoge par cefdites lettres,
Arreft fur ce interuenu le dixhuictiefme
dudit mois , par lequel la Cour auroit
tres humblement fupplié fa Maiefté de
l'excufer, fi elle ne pouuoit deliberer fur
ledit Edict , iufques au lendemain de la
fainct Martin prochain : Autres lettres
de iuffiõ à ladite Cour du vingtvniefme
dudit mois , fignées & fcellées contre
les precedentes , Par lefquelles luy eft
mandé & tres-expreffement enioinct,
tous affaires poftpofées , proceder à
verification & regiftrement defdits

Edicts selon leur forme & teneur ,
sans restrinction ny modification quel-
conque , nonobstant ledit Arrest du
dixhuictiesme Septembre, ny motif d'i-
celuy : Arrest de ladite Cour du cin-
quiesme Octobre mil six cens dixsept ,
par lequel auant que proceder à la verification dudit Edict , auroit esté ordonné que lesdits opposans auroient
audiance en icelle à la huictaine , pour
eux ouys sur leur opposition, ordóner ce
que de raison: Les desistemés desdits de
Moisset & de Colanges , tant pour luy
que lesdits Iacquet & Bazin , en datte
des trois Octobre, mil six cens dix-sept
signées, de Moisset & de Colanges, des
oppositions par eux formées à la verification dudit Edict : Conclusions du
Procureur general du Roy , & tout
considéré , La Covr a ordonné
& ordonne que ledit Edict sera regi-
stré au Greffe d'icelle pour auoir lieu,
& neantmoins ayant aucunement es-
gard aux conclusions du Procureur general du Roy, a enioint & enioint aux
officiers des Greniers à sel de son res-
sort d'enuoyer au greffe de ladite Cour
dans vn mois pour tout delay, leur cer-
tification du pris auquel le sel se vend

en la presente année, & ordonne que lesdits officiers ne pourront prendre que vingt-quatre sols parisis pour tous droits d'information, reception & installation desdits Regratiers & Collecteurs, à peine de concussion. Prononcé le vnziesme iour d'Octobre mil six cens dix-sept.

Signé,   PAVLMIER.

EDICT DV ROY POVR LA

leuée des seize sols sur minot de Sel, &
pour la reuente en heredité des droicts de
Regratiers & Collecteurs de l'impost du
Sel, verifié en la Cour des Aydes le vingt-
troiziesme Nouembre mil six cens vingt-
quatre.

OVIS PAR LA GRA-
CE DE DIEV ROY
DE FRANCE ET DE
NAVARRE, A tous
presens & à venir, Salut.
Depuis qu'il a pleu à
Dieu nous donner la paix en nostre
Royaume, Nous auons recherché tous
moyens, & plustost à la surcharge de nos
Finances que de nostre peuple, pour
remplacer les grandes aduances que la
despence excessiue de la guerre nous
auoit contrainct de prendre sur les an-
nees subsequentes, le reuenu ordinai-
re desquelles se trouuoient presque
consommé, comme aussi pour fournir
à l'entretenement des gens de guerre
qui nous estoient necessaires pour l'affer-

miſſement de la paix & du repos que
nous auons refolu d'eſtablir par le moyẽ
d'icelle entre nos ſubjects : Mais auſſi
toſt que nous auons eſperé diminuer
noſtre defpence d'vn coſté, les puiſſan-
tes armees eſtrangeres miſes ſus de
toutes parts à l'eſtonnement & terreur
de tous les Princes & Potentats nos
voiſins & alliez, la feurté & liberté defquels a touſiours trouué ſon fecours
dans la force & puiſſance de ce grand
Royaume, nous oblige non feulement
à continuer les mefmes defpences, mais
force d'entrer dans de nouuelles &
plus grandes par augmentation du nombre de nos gens de guerre, fortifica-
tions & munitions de toutes nos fron-
tieres qui auoient eſté negligees du-
rant les guerres paſſees, & par diuerfes
armees que nous auons miſes ſus en
pluſieurs prouinces & autres defpences
que nous auons trouué neceſſaire pour
en preuenir à temps de plus grandes
qui nous menaçoient de ſi pres, qu'il
ny auoit plus d'apparence d'en differer
d'auantage les remedes : Et pour ce
ayant fait examiner en noſtre prefence
en noſtre Confeil les moyens qui a-
uoient eſté depuis peu proiettez pour

donner cours à nos affaires en cette
neceſſité, Nous n’en auons trouué aucun plus ſupportable dans la pauureté
de noſtre peuple & la grande diminution que nous auons ſouffert depuis
quelques années du fond de nos Finances, que d’augmenter le prix du ſel
de quelque creüe, laquelle portée egal-
lement pour la conſeruation de tous,
ſe rendroit moins ſenſible & domma-
geable chacun en particulier. A CES
CAVSES, Sçauoir faiſons qu’ayant
fait mettre cette affaire en delibera-
tion en noſtre Conſeil, où eſtoient la
Royne noſtre tres-honorée Dame &
Mere, aucuns Princes & Officiers de
noſtre Couronne, & autres grands &
notables perſonnages, de l’aduis d’iceluy & de noſtre certaine ſcience, plaine puiſſance & authorité Royalle,
Nous auons par cettuy noſtre preſent
Edict perpetuel & irreuocable, dit, ſta-
tué & ordonné, diſons, ſtatuons & ordonnons, voulons & nous plaiſt, Que
doreſnauant à commancer au premier
iour d’Octobre prochain, il ſoit impo-
ſé & leué ſeize ſols ſur chacun minot
de ſel qui ſera vendu & diſtribué en
chacun Grenier à ſel de noſtre Royaume

aume , outre & par deſſus nos anciens droits de gabelles & augmentation d'iceux , leſques ſeize ſols ſur chacun minot de ſel , Nous auons incorporez & incorporons par ces preſentes à noſdits droits de gabelles , pour eſtre d'oreſnauant receus par les Receueurs particuliers d'icelles en chacun grenier , & par eux enuoyez aux Receueurs generaux de noſdites gabelles en chacune Generalité , comme nos autres droits , pour eſtre apportees en noſtre Eſpargne & employees aux affaires importantes de noſtre Eſtat , ſelon qu'il ſera par Nous ordonné , ſoit en attributions de gages à ceux de nos Officiers qui les leueront volontairement , conſtitutions de rentes ou autres moyens qui ſeront iugez plus vtils & aduantageux pour le bien de nos affaires : Et d'autant que par le moyen de l'impoſition deſdits ſeize ſols pour minot de ſel & des autres qui ont eſté faites depuis noſtre Edict du mois d'Aouſt mil ſix cens dixſept , portant reglement & reuente des droits des Regratiers & Collecteurs de l'impoſt du ſel les droits deſdits Regratiers & Collecteurs de l'impoſt ſeront grandement augmentez , Nous

C

voulons & ordonnons que par les Commiſſaires qui ſeront par nous deputez, il ſoit procedé à la reuente par tiercemens, doublemens ou ſimples encherres deſdits Offices de Regratiers & Collecteurs de l'impoſt en la maniere accouſtumée, pour en iouyr par les acquereurs en heredité, cõformement audit Edict du mois d'Aouſt mil ſix cens dix-ſept. SI DON-NONS en mandement à nos amez & feaux Conſeillers les gens tenans noſtre Cour des Aydes à Paris, Preſidens, Treſoriers generaux de France, des generalitez qu'il appartiendra, que ceſtuy noſtre preſent Edict ils facent lire, publier, & le contenu en iceluy, garder & obſeruer en tous noſdits greniers & chambres à ſel, ceſſans & faiſant ceſſer tous troubles & empeſchemens au contraire, nonobſtant tous Edicts, Declarations, Reglemens, oppoſitions ou appellations quelsconques, deſquels ſi aucunes interuiennent de la part des adiudicataires de nos gabelles ſeulement, Nous en auons retenu & reſerné, retenons & reſeruons la cognoiſſance à nous & à noſtre Conſeil, & icelle interdite & defenduë à toutes

nos Cours & autres Iuges : Car tel
est noftre plaifir : Et affin que ce foit
chofe ferme & ftable à toufiours , Nous
auons fait mettre noftre fcel à cefdites prefentes, fauf en autre chofe noftre droit, & l'autruy en toutes.

Donné à fainct Germain en Laye
au mois d'Octobre l'an de grace mil fix
cens vingt-quatre : Et de noftre regne le quinziefme. Signé, LOVIS.
Et fur le reply Par le Roy , LE BEAV-
CLERC, & à cofté Vifa , Et fcellée du
grand fceau de cire verte, fur laqs de
foye rouge & verte , Et fur ledit reply
eft encore efcrit.

*Regiftrées en la Cour des Aydes, du tres-
expres commandement du Roy plufieurs fois
reiteré, tant de viue voix que par efcrit, Ouy
fon Procureur general , pour eftre executé
fuiuant l'Arreft du iourd'huy, Donné les
Chambres affemblées , à Paris, le vingt-
troifiefme iour de Nouembre l'an mil fix
cens vingt-quatre.*

Signé .   PAVLMIER.

C ij

EXTRAICT DES REGISTRES
de la Cour des Aydes.

VEu par la Cour les Chambres assem-
blees, les Lettres patentes du Roy Donnees à sainct Germain en Laye au mois d'O-
ctobre dernier, signees LOVIS. Et sur le
reply, Par le Roy, le Beauclerc, Et à costé
Visa, & scellees de cire verte, sur lacs de
soye rouge & verte, Par lesquelles sa Majesté veut & ordonne que doresnauant à commancer au premier iour dudit mois d'Octobre, il soit imposé & leué seize sols tournois
sur chacun minot de sel, qui sera vendu &
distribué en chacun des greniers à sel de ce
Royaume, outre & par dessus les antiens
droits de gabelles & augmentation d'iceux,
pour estre incorporez à ses droits de gabelles
receus & apportés à L'Espargne, & em-
ployiés aux affaires importantes de cette Estat
exprmees par lesdites Lettres : Et d'autant que
par le moyen de l'imposition desdits seize sols sur
minot de sel, augmentation, & autres deniers
leuez sur le sel, depuis l'Edict du mois d'Aoust
mil six cens dix-sept, portant Reglement &
reuente des droits de Regratiers & Collecteurs
de l'impost du sel, les droits desdits Regratiers

& Collecteurs de l'impost du sel sont grandement augmentés, sadite Maiesté veut &
ordonne que par les Commissaires qui seront
par elle deputez, il soit procedé à la reuente
par tiercemens, doublemens ou simples en-
cheres desdits Offices de Regratiers & Collecteurs de l'impost, en la maniere accoustumee, pour en iouyr par les Acquereurs en heredité conformement audit Edict du mois
d'Aoust mil six cens dix-sept, mandant à
ladite Cour, faire registrer ledit Edict, &
iceluy faire garder & obseruer en tous les
greniers & chambres à sel de ce Royaume,
faisant cesser tous troubles & empeschemens
au contraire, nonobstant tous Edicts, Declarations, Reglemens, oppositions ou appellations quelsconques, desquels si aucunes in-
teruenoient de la part des adiudicataires des
gabelles seullement, elle en auroit retenu &
reserué la cognoissance à soy & à son Conseil,
& icelle interdite à ladite Cour & tous autres Iuges : Veu aussi les actes d'oppositions
formees à la verification desdites Lettres par
Maistre Anthoine Feydeau, Adiudicataire
general des gabelles : Maistre Pierre Payen,
subrogé au Bail general desdites gabelles pour
les generalitez de Loire : & Maistre Louis
Monceau, subrogé au lieu dudit Faydeau, au
fournissement des greniers à sel des genera-

litez de Soiſſons, Amyens, Chaalons & Dijon, ſignifications deſdits actes faictes au Procureur general du Roy : Arreſt de ladite Cour du huictieſme Octobre dernier, par lequel elle auroit declaré ne pouuoir entrer en la verification dudit Edict : Arreſt du Conſeil d'Eſtat du Roy, donné à ſainct Germain en Laye, le douzieſme iour d'Octobre mil ſix cens vingtquatre, par lequel ſa Majeſté auroit ordonné que leſdits oppoſans ſeroient aſſignez en ſon Conſeil, pour eſtre ouys ſur leurs oppoſitions : leſquelles elle auroit euoqués de nouueau à ſoy & à ſondit Conſeil, & interdite la cognoiſſance d'icelle à ladite Cour, & qu'à cette fin Lettres patentes de Iuſſion ſeroient expediees & enuoyees à ladite Cour pour paſſer outre à l'enregiſtrement dudit Edict, nonobſtant leſdites oppoſitions : Autres Lettres patentes du Roy donnees audit ſainct Germain le quatorzieſme iour dudit mois d'Octobre, ſignees & ſcellees, portant Iuſſion & mandement à ladite Cour de proceder, toutes affaires ceſſantes, à la publication & regiſtrement dudit Edict, ſans s'areſter audit Arreſt, ny aux motifs d'iceluy, ny aux oppoſitions deſdits Adiudicataires des gabelles, dont ſa Majeſté auroit retenu la cognoiſſance à ſoy & à ſondit Conſeil : Autre Arreſt de ladite Cour du vingt-cinquieſme

iour dudit mois d'Octobre, par lequel elle
auroit dit ne pouuoir se departir de son Arrest du huictiesme dudit mois : Autres Lettres de Iussion du treiziesme iour du mois de
Nouembre, signees & scellees, par lesquelles
sa Majesté mande à ladite Cour que sans
s'arrester ausdits Arrests & motifs d'iceux,
elle eust à proceder au registrement pur &
simple dudit Edict sans y apporter aucunes
modifications, restrinction ny difficulté,
nonobstant oppositions ou appellations quelsconques : Autre Arrest de ladite Cour du
dix-neufiesme iour dudit mois de Nouembre, par lequel elle auroit dit qu'elle ne pouuoit se departir desdits Arrests du huictiesme
& vingtcinquiesme Octobre dernier : Autres
Lettres patentes du Roy données à Paris
ledit iour dixneufiesme Nouembre, signees,
Louis, & plus bas, par le Roy, le Beauclerc, & scellees, portant mandement &
inionction à ladite Cour de proceder sans
aucunes considerations & difficultez & toutes affaires cessantes à la verification & registrement dudit Edict, pour estre executé
selon sa forme & teneur: Conclusions du Procureur general du Roy, & tout consideré.

LA Cour du tres-expres commandement
du Roy, par plusieurs fois reiteré, tant
de viue voix que par escrit, A ordonné

& ordonne que ledit Edict & Lettres
seront regiſtrees au Greffe d'icelle , pour
eſtre executé ſelon leur forme & teneur, &
eſtre ladite augmentation deſdits ſeize ſols
ſur chacun minot de ſel leuée au grenier
à ſel de Paris , à commancer du premier iour
de Decembre prochain , & pour les autres
greniers du iour que coppie collationnee dudit Edict aura eſté enuoyée en chacun d'i-
ceux,   Fait à Paris en la Cour des Aydes
le vingt-troiʒieſme iour de Nouembre l'an
mil ſix cens vingt-quatre.

Signé ,   PAVLMIER.

EXTRAICT DES REGISTRES
du Conſeil d'Eſtat.

SVR ce qui a eſté repreſenté au
Roy en ſon Conſeil, Qu'ayant
ſa Majeſté par ſon Edict du
mois d'Aouſt, mil ſix cens dix-
ſept , reglé les droicts que doiuent
prendre & perceuoir les Proprietaires
des offices de Regratiers & Reuendeurs de Sel à petites meſures , & les
Receueurs Collecteurs de l'Impoſt du
Sel

Sel : Sçauoir ceux desdits Regratiers,
au demy parisis du prix & valeur du
sel; & ceux desdits Collecteurs, à douze
deniers pour liure du prix dudit sel :
deux sols pour lieuë pour chacun minot de sel pour la voicture, & cinq sols
pour la distribution dudit minot, au
lieu de ce qui leur estoit taxé & ordonné par les Officiers des greniers: la
reuente desdits offices de Regratiers auroit esté faite suiuant ledit Edict, & non
desdits Collecteurs, à cause des offres
faites par aucûs particuliers Proprietaires
desdits offices, sur lesquelles seroit interuenu Arrest dudit Conseil le quatriesme
Iuillet mil six cés dixhuict, portãt que la
vente desdits offices de Collecteurs seroit faite en general par Generalitez ou
par Greniers, & non par villages & Paroisses, & que les Acquereurs pourroient faire exercer & donner à ferme
lesdits offices, & iouyr desdits droits,
ou en laisser l'exercice aux Communautez, en retenant par lesdits Acquereurs dix deniers desdits droits, à leur
choix ; Ausquelles conditions lesdits
offices ayans esté vendus en general, la liberté auroit esté ostée ausdites
Communautez de les acquerir, Neant-

D

moins la plufpart defdits Proprietaires
auroient laiffé en la difpofition defdites
Communautez l'exercice & fonction
defdits Offices , & contentez defdits
dix deniers, & d'autres y auroient employé des Commis & Fermiers ; lefquels, outre les droits qui leur font attribuez , tirent vn profit indirect, &
commettent plufieurs abus , tant fur la
mefure, que fur la qualité du fel & diftribution d'iceluy , pour le payement
duquel ils font faire des contraintes fur
les cottifez & redeuables par des voyes
rigoureufes, & plufieurs frais qui excedent le plus fouuent la valeur d'iceluy.
Ce qu'ayant efté reprefenté à fa Majefté dés l'année mil fix cens vingt-quatre , elle auroit par fon Edict du mois
d'Octobre audit an, regiftré où befoin
a efté, ordonné la reuente defdits Offices de Regratiers & Collecteurs, par
Paroiffes & Villages , afin que lefdites
Communautez peuffent acquerir ceux
de leurs Paroiffes, fi bon leur fembloit:
Mais les diuers mouuemens depuis furuenus , ont non feulement retardé l'e-
xecution dudit Edict , ains obligé fa
Maiefté d'augmenter le prix dudit fel,
de fept à huict liures fur chacun mi-

not; Ce qui auroit accreu les droits
defdits Proprietaires à proportiõ. Pour-
quoy ayans efté taxez audit Confeil par
fupplément de finance, lefdites taxes
auroient efté payées par ceux defdits
Proprietaires qui fe font trouuez moderement taxez, & dont les offices n'e-
ftoient engagez à leur iufte valeur, eu
égard au reuenu d'iceux, & non par les
autres, dont lefdites taxes & engage-
mens fe font trouuez exceffifs: De maniere que fa Majefté demeure priuée
du fecours entier de ladite reuente, &
de partie defdites taxes. A quoy eftant
befoin de pouruoir, veu ledit Edict du
mois d'Aouft mil fix cens dix-fept:
l'Arreft dudit Confeil du quatriefme
Iuillet mil fix cens dix-huict, par lequel eft ordonné que lefdits Offices
de Receueurs Collecteurs feront vendus par Generalitez ou greniers, &
non par Paroiffes, & permis aux Acquereurs d'iceux, de commettre &
bailler à ferme lefdits offices, à tel prix
& perfonnes que bon leur fembleroit,
ou en laiffer iouyr lefdites Communautez à leur choix, en retenant par lefdits Acquereurs dix deniers pour liure
des droits attribuez aufdits offices: Au-

tre Edict du mois d'Octobre mil six
cens vingt-quatre, regiftré où befoin
a efté, pour la reuente defdits offices
de Regratiers & Collecteurs : Plufieurs Arrefts dudit Confeil, interue-
nus fur les augmentations mifes & im-
pofees fur le fel depuis la reuente defdits offices & taxes faites fur lefdits Acquereurs à caufe de l'augmentation defdits droits, entr'autres celuy du vingt-
deuxiefme Ianuier mil fix cens trente-
vn par lequel fa Majefté auroit ordonné que les Proprietaires defdits offices
de Regratiers & Collecteurs de l'impoft, iouyront des droits attribuez fur
lefdites augmentations, mefmes fur les
trois liures diminuees des fix liures aug-
mentees : SA MAIESTE' EN SON-
DIT CONSEIL, a ordonné & ordonne que ledit Edict du mois d'Octobre
mil fix cens vingt-quatre, fera executé
felon fa forme & teneur ; & en ce faifant, que par les Commiffaires qui feront par elle deputez, il fera procedé
à la reuente de tous les offices de Regratiers Reuendeurs de fel à petites
mefures, & des Receueurs Collecteurs
de l'impoft du fel, des Villes, Bourgs,
Villages & Paroiffes du reffort des gre-

niers & chambres à sel de ce Royaume,
soit en particulier par Paroisses ou par
greniers & generalitez entieres , ainsi
que la condition de sa Majesté se trouuera meilleure & plus auantageuse ,
nonobstant ledit Arrest dudit iour quatriesme Iuillet mil six cens dix-huict,
pour par les nouueaux Acquereurs
desdits offices iouyr des droits y attribuez , tant sur l'ancien prix du sel
qu'augmentation d'iceluy , mesmes sur
les trois liures diminuees desdites six
liures , comme font à present lesdits
anciens Acquereurs desdits offices, suiuant l'Arrest du vingt-vniesme Ianuier
mil six cens trente-vn; comme aussi sur
les seize sols nouuellement augmentez
par Edict du present mois de May , en
remboursant par lesdits nouueaux Acquereurs les Proprietaires desdits offices de leur finance , frais & loyaux
cousts, selon la liquidation qui en sera
faite par lesdits Commissaires: Et seront
toutes personnes receües à encherir &
acquerir lesdits offices , mesmes les
Communautez des villages & Paroisses
où l'impost est estably, lesdits offices de
Receueurs Collecteurs, dont en ce faisant ils feront l'exercice & fonction, &

iouyront des droits & émolumens y attribuez. Et pour celles qui n'auront
moyen de faire ladite acquifition, Ordonne fa Majefté qu'ils feront tenus
faire l'exercice & fonction defdits Receueurs Collecteurs comme ils ont cy
deuant fait ; & à cette fin éliront &
nommeront aucuns d'entr'eux, dont ils
demeureront refponfables , pour prendre au grenier de leur refort la cotte de
leur impoft pour en faire la diftribution , à ce qu'à l'aduenir il ne s'y com-
mette aucun abus, & pour ce faire retiendront lefdites Communautez les
deux fols pour lieuë pour chacun minot de fel qu'ils leueront audit grenier:
Et pour le furplus defdits droits qui
font douze deniers pour liure , & cinq
fols pour minot , ils feront par eux
payez , Sçauoir lefdits dix deniers, des
douze deniers pour liure du prix du
fel , aux anciens Acquereurs defdits
offices , comme ils en iouïffent à prefent, iufques à leur actuel rembourfement : & le refte defdits droits , qui
font lefdits deux deniers pour liure, re-
ftant defdits douze deniers, & cinq fols
pour minot aux nouueaux Adiudicataires , & ce de quartier en quartier, en

payant le prix de leur fel d'impoſt aux Fermiers des Gabelles ou leurs Commis, comme ils auoient accouſtumé faire auparauant ledit Arreſt du quatrieſme Iuillet mil ſix cens dix-huiɔt: Et en cas que leſdits cinq ſols pour minot, & deux deniers faiſant partie deſdits douze deniers pour liure, n'ayent eſté leuez par les Communautez qui ont iouy deſdits offices, l'impoſition en ſera faite par leſdits officiers, à commencer du premier iour de Iuillet prochain, Et ſans que les droits deſdits offices de Regratiers & Collecteurs cy deſſus declarez & reglez puiſſent eſtre diminuez à cauſe des diminutions du prix du ſel qui pourroient eſtre faites cy-apres par ſa Majeſté, pour quelque cauſe que ce ſoit, deſquels droits leſdits Acquereurs, enſemble leurs Fermiers & Commis, iouyront par les mains deſdits habitans des Paroiſſes & Communautez, ſans que les Receueurs des greniers, Receueurs Collecteurs des droicts alienez ſur le ſel, ny autres, ſe puiſſent entremettre en ladite recepte, ny pretendre ſur eux aucun droict de ſix deniers pour liure, dont ſa Majeſté les a diſpenſez & deſ-

chargez , attendu que lesdits Regratiers & Collecteurs ne sont officiers du
corps desdits greniers , & doiuent receuoir leurs droicts à la vente & distribution qu'ils font en destail dudit sel
à petites mesures hors lesdits greniers.
Lesquels nouueaux Acquereurs seront
mis en la iouyssance & possession desdits offices , en vertu des quittances
du Tresorier des Parties Casuelles , &
les Contracts de reuente & adiudica-
tion qui en seront faits & passez par
lesdits Commissaires, qui contiendront
les conditions cy-dessus , Sans qu'ils
soient tenus prendre Lettres de ratifi-
cation, ny payer aucun droict de Marc
d'or. Et en attendant lesdites reuentes,
Enjoint sa Majesté aux officiers desdits
greniers & chambres à sel de ce Royaume, de tenir la main à l'execution du
present Arrest, à peine d'en respondre
en leurs propres & priuez noms; & en
ce faisant, de faire exercer par lesdites
Communautez lesdits offices de Receueurs Collecteurs és lieux où lesdits
Proprietaires y ont Commis , à commencer du premier iour de Iuillet prochain, & de receuoir d'elles par le Grenetier en exercice lesdits cinq sols , &
deux

deux deniers faisant partie desdits douze deniers pour liure du prix du sel, pour
estre lesdits droits deliurez ausdits nouueaux Acquereurs, ou aux porteurs des
quittances dudit Tresorier des Parties
Casuelles sur leurs simples quittances;
Et à cette fin seront toutes Lettres de
Declaration & autres necessaires expediees.   Fait au Conseil d'Estat du Roy,
tenu à Fontainebleau le douziesme iour
de May mil six cens trente-trois.
    Signé,   DE BORDEAVX.

LOVIS par la grace de Dieu Roy de
France & de Nauarre , Aux Presi-
dens, Grenetiers, Lieutenans, Control-
leurs & Gardes-Côtroolleurs des grandes & petites mesures des Greniers &
Châbres à Sel de nostre Royaume , Salut. En attendant la reuente que Nous
voulôs estre faite en consequence de nos
Edicts des mois d'Aoust mil six cens dix-
sept, & Octobre mil six cens vingt-quatre, & de l'Arrest ce iourd'huy donné en
nostre Côseil d'Estat, dont l'extraict est
cy attaché sous le contre-seel de nostre
Chancellerie, de tous les offices de Regratiers, Reuendeurs de sel à petites mesures, & des Receueurs Collecteurs de

l'impoſt du ſel des Villes, Bourgs, Villages & Paroiſſes du reſſort deſdits greniers & chambres à ſel, pour par les nouueaux Acquereurs deſdits offices iouyr des droits y attribuez tant ſur l'ancien prix du ſel, qu'augmentation d'iceluy, meſmes ſur les trois liures diminuées des ſix liures, ainſi que les anciens Acquereurs, ſuiuant l'Arreſt du vingt-vnieſme Ianuier mil ſix cens trente-vn, comme auſſi ſur les ſeize ſols nouuellement augmentez par autre Edict du preſent mois de May, à condition de rembourſer les Proprietaires deſdits offices, de leur finance, frais & loyaux couſts, ſuiuant la liquidation qui en ſera faite. A CES CAVSES, Nous vous mandons, ordonnons & tres-expreſſement enioignons par ces preſentes, de tenir la main à l'execution de noſtredit Arreſt, ſur les peines y contenuës, & faire exercer leſdits offices de Receueurs Collecteurs par les Communautez des villages, Paroiſſes & lieux où les Proprietaires deſdits offices commettent des Particuliers à l'exercice d'iceux, à commencer du premier iour de Iuillet prochain; & faire receuoir par le Grenetier en charge, des Commis qui ſeront eſtablis par leſdites

Communautez , les cinq fols pour minot , & deux deniers faifant partie des
douze deniers pour liure du prix du fel,
dont ils doiuent iouyr, pour eftre payez
aux nouueaux Acquereurs defdits offices , ou aux porteurs des quittances des
Parties Cafuelles , fur leurs recepiffez,
iufques à ce que lefdits offices ayent efté
reuendus : en quoy faifant ils en demeureront valablement defchargez , fans
que les nouueaux Acquereurs puiffent
pretendre la iouyffance des autres dix
deniers, qu'au preallable ils n'ayent rem-
bourcé la finance payée pour la iouïf-
fance d'iceux aux anciens Proprietaires,
lefquels en feront payez iufques au iour
dudit rembourfement : Et en cas que
lefdits cinq fols pour minot , & deux deniers faifant partie defdits douze deniers
pour liure , n'ayent efté leuez par les
Communautez qui ont ioüy defdits offices, vous en ferez faire l'impofition audit iour premier Iuillet prochain, côfor-
mément audit Arreft cy attaché; De ce
faire vous donnons pouuoir , commif-
fion & mandement fpecial , nonobftant
oppofitions ou appellations quelfcon-
ques , Et à noftre Huiffier ou Sergent
premier fur ce requis , de fignifier ledit

Arreſt & ces preſentes à tous qu'il appartiendra, & en afficher des coppies en
tous les lieux que beſoin ſera, à ce
qu'ils n'en pretendent cauſe dignorance,
& faire pour ſon entiere execution
tous autres actes & exploits requis
& neceſſaires, ſans qu'il ſoit tenu de
demander autre congé ne permiſ-
ſion, nonobſtant auſſi clameur de
Haro, Chartre Normande, priſe à partie, & Lettres à ce contraires. Et ſera
foy adiouſtée comme aux originaux, aux
copies collationnees dudit Arreſt & des
preſentes par l'vn de nos amez & feaux
Conſeillers & Secretaires, CAR tel
eſt noſtre plaiſir. DONNE à Fontainebleau le douzieſme iour de May, l'an
de grace mil ſix cens trente-trois, Et
de noſtre regne le vingt-troiſieſme.
Signé, Par le Roy en ſon Conſeil,
DE BORDEAVX: Et ſeellée du grand
ſeau de cire jaune.

LOVIS PAR LA GRACE
DE DIEV ROY DE FRAN-
CE ET DE NAVARRE, A
tous ceux qui ces presentes
lettres verront, Salut. Sur les plain-
tes qui nous furent faites en l'année
mil six cens seize, Que les Officiers de
nos Greniers faisoient des taxes extra-
ordinaires aux Regratiers Reuendeurs
de Sel à petites mesures, & aux Receueurs Collecteurs du sel par impost,
Nous aurions pour y remedier par nostre Edict du mois d'Aoust mil six cens
dixsept, reglé les droits que doiuent
prendre & perceuoir les Proprietaires
des offices de Regratiers Reuendeurs
de sel à petites mesures, & les Receueurs Collecteurs de l'impost du sel,
Sçauoir ceux desdits regratiers au de-
mi parisis du prix & valeur du sel, &
ceux desdits Collecteurs à douze deniers
pour liure du prix dud. sel, deux sols pour
lieuë pour chacun minot pour la voiture, & cinq sols pour la distribution
dudit minot au lieu de ce qu'il leur estoit
taxé & ordonné par lesdits officiers des

greniers, La reuente defquels offices de
Regratiers auroit efté faite fuiuant ledit Edict, & non defdits Collecteurs,
à caufe des offres faites par aucuns particuliers Proprietaires defdits offices,
Sur lefquelles feroit interuenu Arreft
de noftre Confeil, le quatriefme Iuillet
mil fix cens dix-huict, Portant que la
vente defdits offices de Collecteurs feroit faite en general par Generalitez, ou
par greniers, & non par villages & Paroiffes, Et que les Acquereurs pouroiét
faire exercer & donner à ferme lefdits
offices, & iouyr defdits droits ou en
laiffer l'exercice aux communautez defdits villages & Paroiffes, en retenant
par lefdits Acquereurs, dix deniers defdits droits à leur choix, aufquelles conditions lefdits offices ayans efté vendus
en general, la liberté auroit efté oftée
aufdites Communautez de les acquerir,
Neantmoins la plufpart defdits Proprietaires auroiét laiffé en la difpofition defdites Communautez l'exercice & fonction defdits offices, & fe feroient contentez defdits dix deniers, & pour les
autres ils y auroient employé des Commis & Fermiers, Nous auons eu aduis en noftre Confeil, que outre les

droits qui leur sont attribuez, ils tirent
vn profit indirect, & commettent plusieurs abus, tant sur la mesure que sur
la qualité du sel & distribution d'iceluy,
pour le payement duquel ils font faire
des contraintes sur les cottizez & redeuables, par des voyes rigoureuses &
plusieurs frais qui excedent le plus sou-
uent la valleur d'iceluy : ce que nous
ayant esté representé dés l'annee mil six
cens vingt-quatre, Nous aurions par
nostre Edict du mois d'Octobre audit
an, regiftré où befoin à esté, ordonné la
reuente defdits offices de Regratiers &
Collecteurs par Paroisses & villages,
afin que lefdites communautez puissent
acquerir ceux de leurs paroisses si bō leur
fembloit : Mais les diuers mouuemens
depuis furuenus ont non feulement retardé l'execution dudit Edict, ains nous
ont obligé d'augmenter le prix dudit
fel, de fept à huict liures fur chacun minot; ce qui auroit accreu les droits defdits Proprietaires, à proportion, pour-
quoy ayans esté taxez en nostre Confeil par fupplement de finance, lefdites
taxes auroient esté payees par ceux defdits Proprietaires qui fe font trouuez
moderement taxez, & dont les offices

n'eſtoiĕt engagez à leur iuſte valeur, eu
eſgard au reuenu d'iceux , & non par
les autres dont leſdites taxes & enga-
gemens ſe ſont trouuez exceſſifs , de
maniere que nous demeurons priuez
du ſecours entier de ladite reuente, &
de partie deſdites taxes, A quoy vou-
lans pouruoir & enſuiuant l'Arreſt ce
iourd'huy donné en noſtre Conſeil, cy
auec leſdits Edicts des mois d'Aouſt
mil ſix cens dix-ſept & Octobre mil ſix
cens vingt-quatre, attachez ſous le con-
treſcel de noſtre Chancellerie , Novs
de l'aduis de noſtred. Cõſeil, & de noſtre
certaine ſcience, plaine puiſſance & au-
torité Royalle : Auons dit, declaré &
ordonné, diſons , declarons & ordonnons par ces preſentes , ſignees de noſtre main, voulons & nous plaiſt, qu'en
vertu de noſdits Edicts des mois
d'Aouſt mil ſix cens dix-ſept , & Octo-
cre mil ſix cens vingt-quatre , & Arreſt de noſtredit Conſeil, du iour-d'huy,
Il ſoit procedé par les Commiſſaires
qui ſeront par nous deputez à la reuente de tous les offices de Regratiers
Reuendeurs de ſel à petites meſures,
& des Receueurs Collecteurs de l'impoſt du ſel, des Villes, bourgs , villages

ges & Paroiſſes du reſſort des greniers & Chambres à ſel de noſtre Royaume, en la maniere accouſtumee, ſoit en particulier par Paroiſſes, ou par Greniers & generalitez entieres, ainſi que noſtre condition ſe trouuera meilleure & plus aduantageuſe, nonobſtant ledit Arreſt dudit iour quatrieſme Iuillet mil ſix cens dix-huict : Pour par les nouueaux Acquereurs deſdits offices, iouyr des droits y attribuez, tant ſur l'ancien prix du ſel, qu'augmentation d'iceluy, meſmes ſur les trois liures diminuez deſdits ſix liures, comme font à preſent leſdits anciens Acquereurs deſdits offices, ſuiuant l'Arreſt du vingt-vnieſme Ianuier mil ſix cens trente-vn : Comme auſſi ſur les ſeize ſols nouuellement augmentez par Edict du preſent mois de May, en rembourſant par leſdits nouueaux acquereurs les Proprietaires deſdits offices de leur finance, frais & loyaux couſts ſelon la liquidation qui en ſera faite par leſdits Commiſſaires, & ſeront toutes perſonnes receües à encherir & acquerir leſdits offices, meſmes les Cõmunautez des villages & Paroiſſes où l'impoſt eſt eſtably, leſdits offices de Receueur & Collecteurs, dont

en ce faisant , ils feront l'exercice &
fonction & iouyront des droits & é-
molumens y attribuez , & pour celles
qui n'auront moien de faire ladite ac-
quisition , voulons que lesdites Communautez facent l'exercice & fonction
desdits Receueurs Collecteurs , comme ils ont cy deuant fait : & à cette fin
éliront & nommeront aucuns d'entre-
eux, dont ils demeureront responsables
pour prendre au grenier de leur res-
fort la cotte de leur impost, pour en
faire la distribution, à ce qu'à l'aduenir
il ne s'y cõmette aucuns abus,& pour ce
faire retiendront lesdites cõmunautez,
les deux sols pour lieuë pour chacun minot de sel qu'ils leueront audit grenier:
Et pour le surplus desdits droits qui
sont douze deniers pour liure du prix
du sel, & cinq sols pour minot, ils feront
par eux payez, Scauoir dix deniers desdits douze deniers aux anciens Acquereurs desdits offices, comme ils en ioü-
issent à present iusques à leur actuel
remboursement , & le reste desdits
droits qui sont lesdits deux deniers pour
liure, restant desdits douze deniers, &
cinq sols pour minot aux nouueaux Adiudicataires, & ce de quartier en quar-

tier, en payant le prix de leur sel d'impost aux Fermiers des Gabelles ou leurs
Commis, comme ils auoient accoustu-
mé faire auparauant ledit Arrest du quatriesme Iuillet mil six cens dixhuict, &
en cas que lesdits cinq sols pour minot
& deux deniers faisants partie desdits
douze deniers pour liure n'ayent esté leuez par les Communautez qui ont ioüy
desdits offices, l'imposition en sera faicte
par lesdits Officiers, à commencer du
premier iour de Iuillet prochain, & sans
que les droicts desdits offices de Regratiers & Collecteurs cy dessus declarez &
reglez, puissent estre diminuez à cause
des diminutions du prix du Sel qui pourroient cy à pres estre par nous faites pour
quelque cause que ce soit, desquels
droicts lesdits Acquereurs ensemble,
leurs Fermiers & Commis iouyront &
les perceuront par les mains desdits habitans des Paroisses & Communautez,
sans que les Receueurs des Greniers,
Receueurs Collecteurs des droicts alienez sur le sel, ny autres se puissent entremettre en ladite recepte, ny pretendre sur eux aucun droit de six deniers
pour liure, dont nous les auons dispen-
sez & deschargez, attendu que lesdits

Regratiers & Collecteurs ne ſont officiers du corps deſdits greniers, & doiuent receuoir leurs droits à la vente
& diſtribution qu'ils font en deſtail dudit ſel à petites meſures hors leſdits greniers : Leſquels nouueaux Acquereurs
ſeront mis en la iouyſſance & poſſeſſion
deſdits offices, en vertu des quittances
du Treſorier des parties caſuelles, &
des Contracts de reuente & adiudica-
tion qui en ſeront faits & paſſez par
leſdits Commiſſaires qui contiendront
les conditions cy deſſus, ſans qu'ils ſoient
tenus prendre nos Lettres de ratifica-
tion, ny payer aucun droit de Marc
d'or, enioignons aux Officiers des greniers à ſel de tenir la main à l'execution
des preſentes, à peine d'en reſpondre
en leurs propres & priuez noms. SI
DONNONS EN MANDEMENT à
nos amez & feaux Conſeillers les gens
tenans noſtre Cour des Aydes à Paris,
Que ces preſentes ils facent regiſtrer,
& le contenu en icelles, garder & obſeruer, ſans ſouffrir qu'il y ſoit contre-
uenu en aucune maniere, nonobſtant oppoſitions ou appellations quelſconques,
deſquels ſi aucunes interuiennent,
Nous vous en auons attribué la co-

gnoiſſance, & icelle interdite & defen-
due , interdiſons & defendons à tous
autres Iuges quelsconques : Car tel eſt
noſtre plaiſir , nonobſtant tous Arreſts,
mandemens , defences & lettres à ce
contraires, auſquelles & à la derogatoi-
re des derogatoires y contenuës, Nous
auons derogé & derogeons par ces preſentes. Donné à Fontainebleau le douziesme iour de May, l'an de grace mil
ſix cens trente-trois, Et de noſtre regne
le vingt-trois. Signé, LOVIS. Et ſur
le reply, Par le Roy, DE LOMENIE,
Et ſcellées ſur double queuë du grand
ſcel de cire iaune. Et ſur le reply eſt eſcrit.

Regiſtré en la Cour des Aydes, Ouy le Pro-
cureur general du Roy pour eſtre executees ſe-
lon leur forme & teneur , aux charges portees
par l'Arreſt du iourd'huy, Donné à Paris
les Chambres aſſemblees le dix-huictieſme
iour d'Aouſt mil ſix cens trente-trois.
Signé,　　　　　BOVCHER.

EXTRAICT DES REGISTRES
de la Cour des Aydes.

V EV *par la Cour les Chambres aſſem-*
blees , les Lettres patentes du Roy, en
forme de Declaration donnees à Fontainebleau

le douziesme May mil six cens trente trois,
signées, LOVIS, Et sur le reply, Par le
Roy, De Lomenie, & scellées sur double
queuë du grand scel de cire iaune, Par lesquelles & pour les causes y contenues, sa Maiesté
veut & ordonne qu'en vertu de ses Edicts
des moys d'Aoust mil six cens dix-sept &
Octobre mil six cens vingt-quatre : & Arrest de son Conseil dudit iour douziesme May
mil six cens trente-trois, il soit procedé par
les Commissaires qui seront à ce deputez à la
reuente de tous les offices de Regratiers Reuendeurs de sel à petites mesures, & des Receueurs Collecteurs de l'impost du sel, des
Villes, bourgs, villages & Paroisses du res-
sort des greniers & Chambres à sel de ce
Royaume, en la maniere accoustumee, soit
en particulier, par Paroisses ou par greniers
& generallitez entieres, ainsi que la condition de sa Maiesté se trouuera meilleure & plus
auantageuse, nonobstant l'Arrest de sondit Conseil du quatriesme Iuillet mil six cës dix-huict,
pour par les nouueaux acquereurs desdits offices, iouyr des droits y attribuez, tant sur l'ãcien
prix du sel qu'augmentation d'iceluy, mesmes
sur les trois liures diminuez desdits six liures
comme font à present les anciës Acquereurs desdits offices, suiuant l'Arrest du vingt-vniesme
Ianuier mil six cens trente-vn, cõme aussi, ur les

feize fols nouuellement augmentez par Edit du
mois de May mil fix cens trête-trois, en rem-
bourfant par lefdits nouueaux Acquereurs
les proprietaires defdits offices de leur Finance,
frais & loyaux coufts, felon la liquidation qui
en fera faite par lefdits commiffaires , defquels
droits lefdits Acquereurs enfemble leurs Fermiers & Commis, iouyront & les perceuront
par les mains des habitans des Paroiffes &
communautez fans que les Reccueurs & Collecteurs des droits alienés fur le fel , ny autres fe puiffent entremettre en ladite recepte,
ny prendre fur eux aucuns droits de fix deniers
pour liure dont fadite Maiefté les a difpen-
fez & defchargez , attendu que lefdits Regratiers & Collecteurs ne font officiers du
corps defdits greniers , & doiuent receuoir
leurs droits à la vente & diftribution qu'ils
font en d'eftail dudit fel à petites mefures hors
lefdits greniers, ainfi que plus au long le con-
tienent lefdites lettres: conclufions du Procureur
general du Roy , & tout confideré, LA
COVR, à ordonné & ordonne lefdites lettres
eftre regiftrees au greffe d'icelle pour eftre executees felon leur forme & teneur, à la charge
que les proprietaires des offices de Regratiers Reuendeurs de fel à petites mefures & Collecteurs
de l'impoft ne pourront eftre depoffedez qu'a-
pres auoir efté actuellement rembourcez, tant

du sort principal de la finance par eux payée
aux coffres du Roy, que des frais & loyaux
cousts suiuant la liquidation qui en sera faite
par les Commissaires qui seront à ce deputez
par sa Majesté : & à la charge que lesdits
Proprietaires des offices de Regratiers & Collecteurs de l'impost ne iouyront des droits
attribuez à leursdits offices sur les trois liures
diminuez des six liures par la Declaration de
sa Maiesté verifiée en ladite Cour, sinon és
greniers où ils sont à present imposez en consequence des taxes que lesdits Proprietaires ont
esté contraints de payer à sa Maiesté, en vertu de l'Arrest du Conseil du vingt vniesme
Ianuier mil six cens trente vn. Faict à Paris en
la Cour des Aydes le dixhuictiesme iour
d'Aoust mil six cens trentetrois.

Signé,   BOVCHER.

Collationné aux Originaux par moy
Conseiller, Secretaire du Roy,
de ses Finances.